Cefalópodos
que cambian de color

Dona Herweck Rice

Smithsonian

Autora contribuyente

Alison Duarte

Asesores

Michael Vecchione
Investigador en zoología
National Museum of Natural Histor

Stephanie Anastasopoulos, M.Ed.
TOSA, Integración de CTRIAM
Distrito Escolar de Solana Beach

Créditos de publicación

Rachelle Cracchiolo, M.S.Ed., *Editora*
Diana Kenney, M.A.Ed., NBCT, *Realizadora de la serie*
Véronique Bos, *Directora creativa*
Caroline Gasca, M.S.Ed., *Gerenta general de contenido*
Smithsonian Science Education Center

Créditos de imágenes: portada, pág.1 Alex Mustard/Minden Pictures; pág.10 (inferior) Caerbannog [GNU FDL]; pág.11 Ted Kinsman/Science Source; pág.13 (todas) Birgitte Wilms/Minden Pictures; pág.16 Jeff Rotman/Alamy; pág.17 dpa picture alliance/Alamy; pág.18 Danté Fenolio/Science Source; pág.19 Brian J. Skerry/National Geographic/Getty Images; pág.21 (todas) cortesía de Cunjiang Yu; pág.22 (superior) Mauricio Handler/Getty Images; pág.22 (inferior), pág.23 cortesía de Xuanhe Zhao; todas las demás imágenes cortesía de iStock y/o Shutterstock.

Library of Congress Cataloging-in-Publication Data

Names: Rice, Dona, author.
Title: Cefalópodos que cambian de color / Dona Herweck Rice.
Other titles: Color-changing cephalopods. Spanish
Description: Huntington Beach, CA : Teacher Created Materials, [2022] | Includes index. | Audience: Grades 4-6 | Summary: "Imagine changing the color of your skin in under a second-and then changing back again. Imagine changing the texture of your skin or even your shape in an instant. If you were a cephalopod, you wouldn't have to imagine it! They do this all the time. Scientists are closely studying them to learn how to mimic their amazing "changeability." Just don't blink! Things may change before your eyes"-- Provided by publisher.
Identifiers: LCCN 2021049516 (print) | LCCN 2021049517 (ebook) | ISBN 9781087644516 (paperback) | ISBN 9781087644981 (epub)
Subjects: LCSH: Cephalopoda--Juvenile literature.
Classification: LCC QL430.2 .R5318 2022 (print) | LCC QL430.2 (ebook) | DDC 594/.5--dc23/eng/20211108
LC record available at https://lccn.loc.gov/2021049516
LC ebook record available at https://lccn.loc.gov/2021049517

✹ Smithsonian

Teacher Created Materials

5301 Oceanus Drive
Huntington Beach, CA 92649-1030
www.tcmpub.com
ISBN 978-1-0876-4451-6

Contenido

¡Desapareció!

En las profundidades azules del océano, dos buzos exploran el mundo que los rodea. A través de sus máscaras, observan de cerca las plantas y los animales que viven bajo la superficie. Cada criatura es más interesante que la otra. Y otros buzos dicen haber visto pulpos en la zona. Nuestros dos buzos esperan tener la suerte de encontrar uno.

En ese momento, uno de los buzos divisa un afloramiento rocoso y le hace una seña al otro para que se acerque a explorarlo. Mientras respiran a través de su equipo de buceo, los dos nadan hacia abajo. Al doblar la esquina, ven justo lo que esperaban: ¡un pulpo! Emocionados, los buzos se miran y sonríen mientras chocan las manos. Rápidamente se vuelven hacia el pulpo. Pero ¡ha desaparecido! Los buzos tienen una vista amplia del mar que los rodea, y parece imposible que el pulpo haya desaparecido de repente. ¿Dónde podría estar, y cómo es posible que lo hayan perdido de vista?

Un pulpo se defiende echando tinta mientras huye de dos buzos.

Los cefalópodos, como los pulpos, tienen brazos largos y cabeza compleja. La palabra *cefalópodo* proviene de las palabras del griego antiguo *kephale*, que significa "cabeza", y *podos*, que significa "pie".

Escondido a la vista

Tal vez el pulpo no fue a ninguna parte. Si los buzos saben dónde y cómo mirar, lo verán justo delante de ellos. El pulpo, al igual que otros cefalópodos, puede mezclarse con su entorno. Puede esconderse a plena vista. Lo hace mediante la **cripsis**. La cripsis es un conjunto de métodos mediante los cuales algunos animales se transforman para evitar ser detectados. Pueden cambiar su textura, forma, postura o color. Al combinar esos métodos, pueden esconderse de los depredadores o sorprender a sus presas.

Un pulpo diurno cambia de color y modifica su textura, para confundirse entre los corales de un arrecife muerto.

Un pulpo diurno cambia de color para parecerse a un arrecife de coral

CIENCIAS

¿Me ves ahora?

Un pulpo puede **camuflarse** cambiando su textura. Una manera de hacerlo es levantando las papilas. Las papilas son pequeños bultos que tienen algunos animales en la superficie de la piel. Cuando los seres humanos tenemos frío o una fuerte reacción emocional, se ven nuestras papilas en forma de piel de gallina.

Un pulpo diurno cambia su textura para parecerse a un arrecife de coral.

Por suerte, los buzos saben un par de cosas sobre la cripsis. Mirando de cerca, ven una nueva mancha en el afloramiento rocoso. Es el pulpo, que se confunde con su entorno. ¡Su color y su textura han cambiado en un instante!

Aun sabiendo que el pulpo puede hacer eso, los buzos están asombrados. ¿Cómo puede cambiar de manera tan espectacular y tan rápidamente? ¿Es una decisión **consciente** o una reacción inconsciente? Y ya que algunos animales pueden hacerlo, ¿qué hay de los seres humanos? ¿Existe alguna manera de desarrollar esa increíble capacidad?

¿Son mágicos?

Aunque no tengas la oportunidad de ver cefalópodos en persona, con una simple búsqueda en internet podrás encontrar videos de ellos transformándose. El espectáculo siempre es extraordinario. Los espectadores no pueden evitar preguntarse cómo lo hacen tan rápido o, de hecho, cómo lo hacen. Pueden cambiar de color o de forma en menos de un segundo. Para los seres humanos, eso sería un acto de magia profesional. Para los cefalópodos, simplemente está en su ADN.

pulpo de anillos azules

¿Qué son los cefalópodos?

Los cefalópodos más comunes son los calamares, los octópodos (incluidos los pulpos) y las sepias. Los cefalópodos pertenecen a un grupo conocido como **moluscos**. La mayoría de los moluscos, como las almejas y los caracoles, tienen caparazón. Las sepias tienen una cubierta dura llamada jibión. Pero los calamares y los pulpos no tienen partes duras, sino que su cuerpo es completamente blando, con muchos músculos. Tienen un cerebro grande y son famosos por su inteligencia. Los brazos se encuentran alrededor de la boca y les sirven para moverse y para atrapar a sus presas. También tienen ojos grandes y buena vista, similar a la de los seres humanos.

sepia faraónica

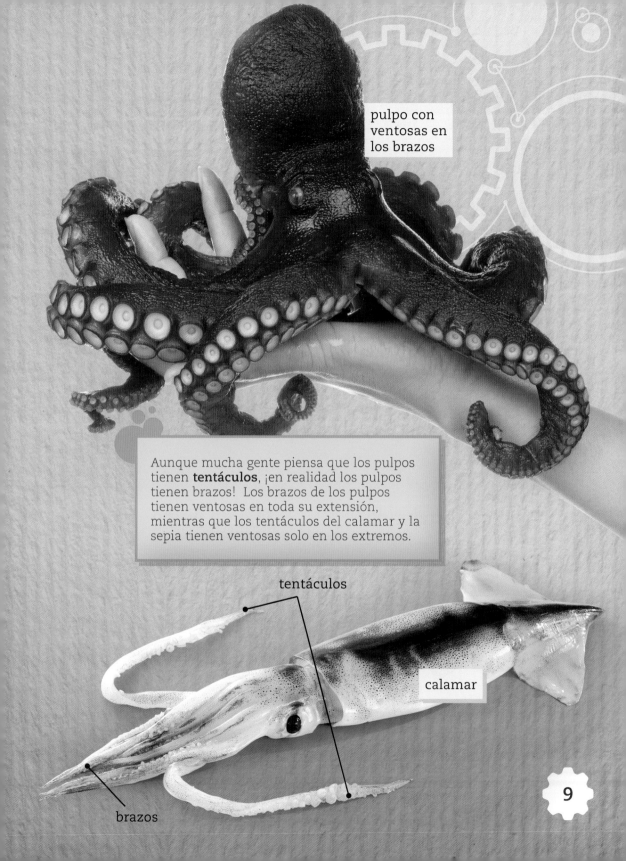

pulpo con ventosas en los brazos

Aunque mucha gente piensa que los pulpos tienen **tentáculos**, ¡en realidad los pulpos tienen brazos! Los brazos de los pulpos tienen ventosas en toda su extensión, mientras que los tentáculos del calamar y la sepia tienen ventosas solo en los extremos.

tentáculos

calamar

brazos

Ojo de vertebrado

Ojo de pulpo

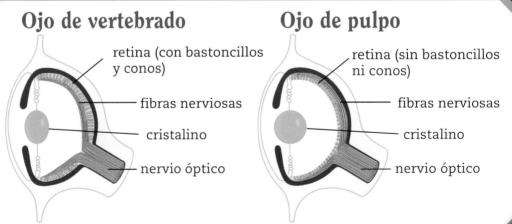

Ojo de vertebrado
- retina (con bastoncillos y conos)
- fibras nerviosas
- cristalino
- nervio óptico

Ojo de pulpo
- retina (sin bastoncillos ni conos)
- fibras nerviosas
- cristalino
- nervio óptico

¡Unos ojos que te ven!

El diseño y las características únicas de los ojos de los cefalópodos merecen una mención. Los cefalópodos tienen un solo pigmento visual. Los vertebrados, que ven en colores, tienen dos o más. Los vertebrados también tienen receptores de luz en forma de bastoncillos y conos en los ojos. Los cefalópodos, no.

Cada ojo de los cefalópodos, al igual que el ojo humano, tiene un solo órgano con forma de lente llamado cristalino. Si se retira el cristalino de un cefalópodo, ¡se puede usar como lupa! Ese cristalino es bastante grueso y fuerte, y enfoca la luz. Las pupilas tienen forma de U o de W. Permiten a los cefalópodos distinguir los colores.

Las pupilas de los cefalópodos dejan pasar la luz que llega de todas las direcciones. Las pupilas de algunos cefalópodos no son redondas. Cuando la luz llega a esas pupilas, se difracta, o se curva. Las diferentes longitudes de onda de la luz se curvan en distinta medida. La retina de los cefalópodos ve esa luz curvada como diferentes partes del espectro de colores. Eso les permite tener un tipo de visión en color.

TECNOLOGÍA

La vista de los calamares

Algunos calamares tienen ojos **reflectantes**. Tienen una fina capa parecida a un espejo alrededor del cristalino. Los depredadores tienen problemas para ver a los calamares cuando reflejan la luz de esa manera. Eso crea un tipo de camuflaje. Es útil para el calamar ¡y también les interesa a los militares de Estados Unidos! Están trabajando para desarrollar una tecnología reflectante basada en los ojos de los cefalópodos. La esperanza es que les permita a los soldados moverse sin ser vistos.

Los ojos de los cefalópodos captan las señales visuales de su entorno y las usan para adaptar sus colores, sus patrones o, incluso, su forma y su postura.

Los científicos creen que los cefalópodos cambian por cuatro motivos principales. En primer lugar, cambian para parecerse a su entorno. En segundo lugar, tratan de confundirse entre otros seres vivos. En tercer lugar, ocultan su verdadera forma con un patrón de **sombreado** en el cuerpo. Por último, cambian sus patrones para confundir a los depredadores. ¿Cómo pueden hacer todo eso? Los cefalópodos tienen **cromatóforos**.

Los cromatóforos son pequeños sacos llenos de pigmentos. Esos pigmentos son amarillos, rojos, negros o marrones. Debajo de los cromatóforos hay unos reflectores. Esos reflectores cambian la luz reflejada a tonos de azul y verde.

La piel de los cefalópodos tiene capas de **células** que pueden apilarse unas sobre otras. Los cromatóforos son células que están justo debajo de la superficie de la piel. Cuando se agrandan, se encogen o se apilan, cambian el aspecto del animal.

¿Qué sucedería si alguien, de alguna manera, lograra meter un pulpo dentro de un frasco y cerrara la tapa? ¡El pulpo saldría por sí mismo girando la tapa desde el interior!

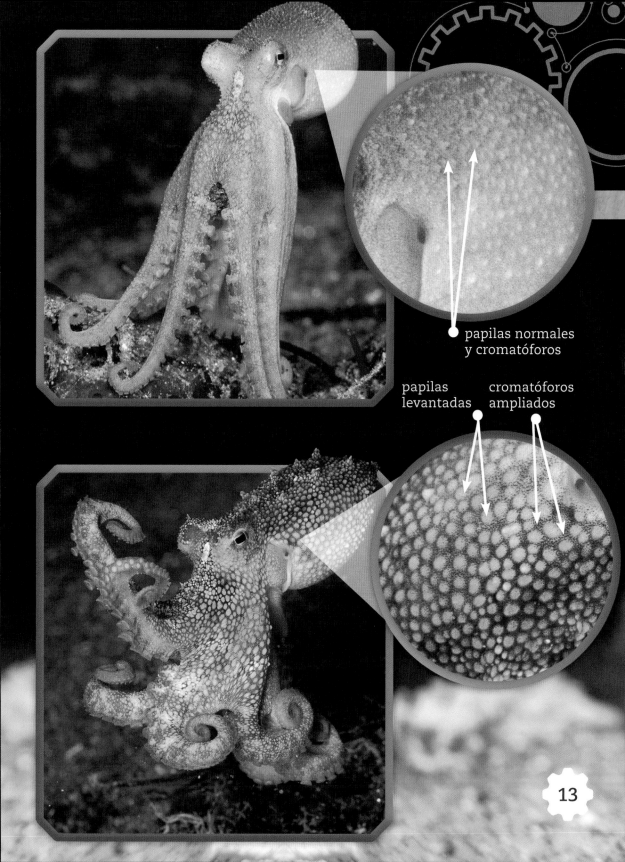

papilas normales
y cromatóforos

papilas
levantadas

cromatóforos
ampliados

Cada cromatóforo está conectado a una serie de nervios. También está rodeado de músculos. Los nervios les ordenan a los músculos que **se contraigan**. Eso obliga a las células a expandirse. Cuando las células cambian de forma o de tamaño, la criatura cambia su patrón, su color, o ambos. Los cromatóforos pueden encogerse o hacerse 15 veces más grandes. ¡Y lo hacen en menos de un segundo!

El cambio que se produce en los cromatóforos no es automático. El animal **ha analizado** su entorno en cierta medida. Pero el cambio ocurre tan rápido que puede parecer automático. Es una respuesta sofisticada a una amplia cantidad de información. El animal también tiene un objetivo. Tal vez se sintió amenazado y necesita protegerse mediante el camuflaje. El cambio también puede servir para atraer a una pareja o advertir a un enemigo. O puede servir para comunicarle algo a su grupo.

ojo

ocelo

El arte del engaño

La naturaleza tiene una solución ingeniosa para engañar a los depredadores. Muchos animales tienen marcas o habilidades que los hacen parecer más amenazantes de lo que son. Por ejemplo, los **ocelos** parecen ojos, pero no lo son. Algunos cefalópodos los tienen. El ocelo puede engañar a los depredadores para que ataquen una parte menos importante del cuerpo del cefalópodo.

¿Adónde se fue?

No hay datos que expliquen por qué es difícil ver a un cefalópodo durante la cripsis. En realidad, su color y su brillo no coinciden exactamente con el área que lo rodea. Solo parecen coincidir. Esto sugiere que tal vez el objetivo no sea confundirse con el entorno, sino engañar a quien mira.

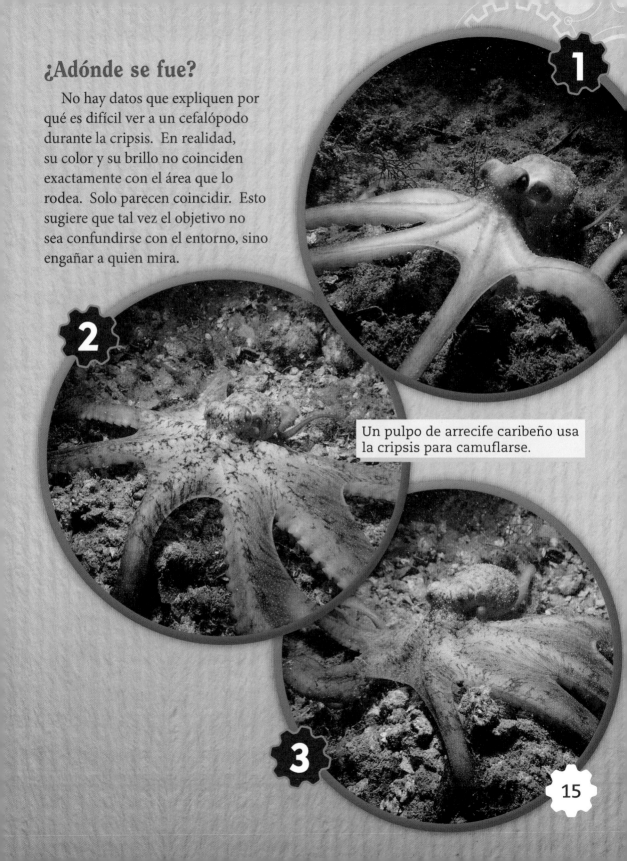

Un pulpo de arrecife caribeño usa la cripsis para camuflarse.

15

El biomimetismo

La naturaleza tiene respuestas que los seres humanos no habían pensado. Se adapta y prospera. Siempre lo ha hecho. Estudiando la naturaleza, las personas pueden resolver problemas milenarios. El biomimetismo es la ciencia que estudia la naturaleza para aprender de ella y para copiar sus soluciones. Es "el proceso de mirar una hoja y tratar de descubrir cómo hacer una celda solar mejor". Así lo afirma Janine Benyus, fundadora del Instituto de Biomimetismo.

Un científico estudia un pulpo gigante del Pacífico.

Hay más de 800 especies de cefalópodos conocidas. Los científicos creen que hay más que aún no han sido descubiertas.

Un especialista en biomimetismo muestra su Octopus Gripper, diseñado para ayudar a los robots a agarrar objetos.

La naturaleza ha hallado maneras de existir que funcionan bien y también son **sostenibles**. Estudiando la naturaleza, los humanos pueden seguir su ejemplo. Si algo funciona para una planta o un animal, ¡es muy probable que también funcione para las personas!

Algunos especialistas en biomimetismo han centrado su atención en los cefalópodos. Los cefalópodos pueden hacer muchas cosas interesantes. Sobre todo, su capacidad de cambio es asombrosa. ¿Hay formas de imitar en el mundo humano lo que hacen estos animales? Los expertos dicen que sí. Han encontrado muchas maneras de copiar las genialidades de la naturaleza. Y creen que aún tienen mucho que aprender.

Cambio de color

Los ingenieros se interesan por la capacidad que tienen los cefalópodos para cambiar de color. Es fascinante estudiar cómo cambian tan rápidamente. Los investigadores observan cómo los cromatóforos se expanden y se contraen. En un estudio, cortaron los nervios de los cromatóforos de unos calamares en un lado del cuerpo. Los nervios del otro lado permanecieron sin cambios. El lado que había sido recortado perdió el color. El otro lado siguió cambiando de color. Pero entonces sucedió algo extraño. En unos pocos días, muchos de los cromatóforos del lado recortado comenzaron a expandirse de nuevo.

¿Cómo lo hicieron? Los nervios no habían vuelto a crecer. Los científicos piensan que la respuesta al cambio puede ser como la respiración humana. Puede ser automática, pero también puede hacerse a propósito. Eso abre algunas posibilidades para que los seres humanos podamos imitar la capacidad de cambiar de color. Tal vez no podamos hacerlo de manera automática. Pero quizá podamos recrear esa capacidad a través del pensamiento u otra acción directa. Los científicos siguen estudiando esa idea.

Un calamar mediano nada sin emitir bioluminiscencia.

18

Un calamar luciérnaga nada mientras emite bioluminiscencia.

INGENIERÍA

La bioluminiscencia

Algunos calamares pueden producir luz. Eso se llama bioluminiscencia. Los ingenieros la estudian para desarrollar nuevas tecnologías. ¡Están trabajando en una manera de añadirla a los árboles! De ese modo, los árboles podrían iluminar las ciudades por las noches y nos evitarían tener que usar fuentes de energía costosas y limitadas. Los ingenieros también están tratando de usarla para estudiar el cuerpo humano. Con la bioluminiscencia, se podrían observar de cerca los procesos corporales para curar las enfermedades.

La piel de los cefalópodos

John Rogers trabajaba como investigador en la Universidad de Illinois cuando tuvo una idea. Trabajó con un equipo para recrear la piel de los cefalópodos. Después de mucho trabajo, el equipo consiguió fabricar un pequeño trozo de piel **sintética**.

Rogers dijo que el propósito del equipo es "construir dispositivos que puedan responder y adaptarse a la iluminación y la coloración del entorno en el que se encuentren". Imagina un futuro en el que las prendas de vestir, los edificios, los barcos y otras cosas puedan transformarse y mezclarse con su entorno.

La piel de un cefalópodo tiene millones de cromatóforos. El éxito de la Universidad de Illinois es solo una pequeña fracción de lo que la verdadera piel puede hacer.

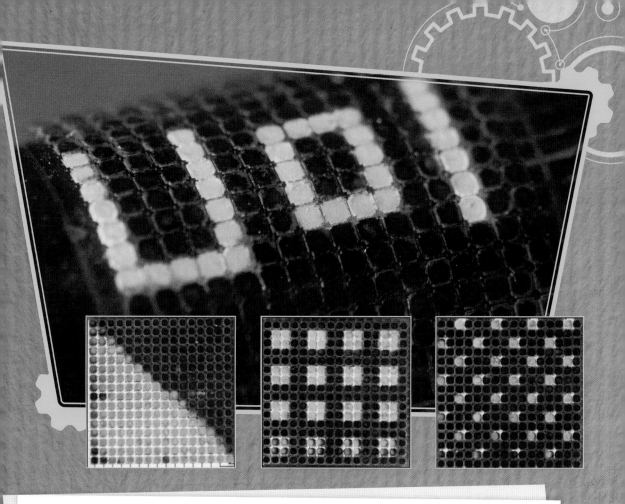

Roger Hanlon es un reconocido científico que ha estudiado a esos animales durante años. Ha trabajado estrechamente con Rogers para tomar lo que sabe y traducirlo a la experiencia humana.

El parche de piel que hicieron Rogers y Hanlon tiene 256 cuadrados negros. Cada cuadrado es del tamaño de una pequeña semilla de amapola. En cada uno hay tinta. Con el calor, el cuadrado cambia de negro a blanco. Debajo de la capa de tinta hay una capa reflectante. Por debajo está la rejilla de calentamiento. El equipo utilizó calor controlado por una computadora para hacer que el parche de piel cambiara su patrón. Por ahora, lograron que escriba "UoI". (Son las siglas de la Universidad de Illinois, en inglés).

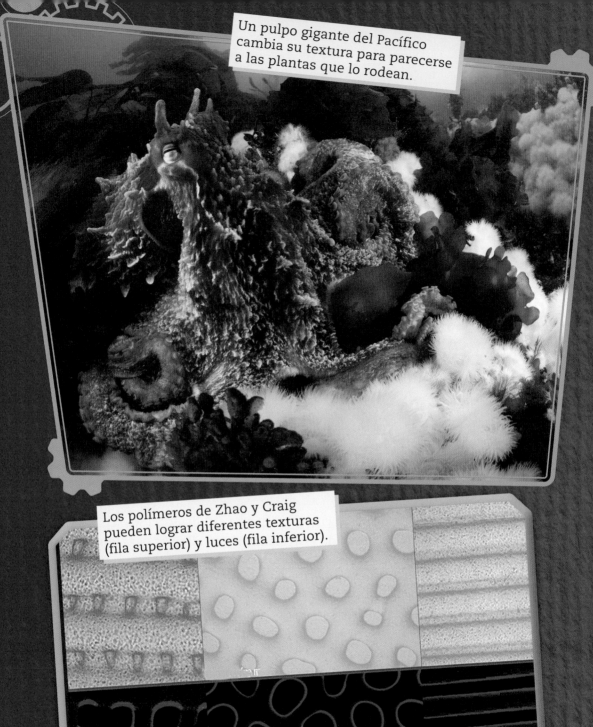

Un pulpo gigante del Pacífico cambia su textura para parecerse a las plantas que lo rodean.

Los polímeros de Zhao y Craig pueden lograr diferentes texturas (fila superior) y luces (fila inferior).

Cambio de textura

Los ingenieros también están estudiando cómo los cefalópodos cambian la textura de su piel. Ven un futuro en el que los materiales también puedan cambiar de textura. Los usos son variados. Tal vez la superficie de los barcos pueda cambiar para alejar a los **percebes**. O las pantallas puedan doblarse y plegarse. Los militares tienen muchas ideas sobre cómo los cambios de textura pueden ayudarlos en sus misiones. Las ideas son infinitas.

Dos profesores están a cargo de un equipo que ha logrado fabricar un material que cambia de textura. Xuanhe Zhao está en el MIT, y Stephen Craig, en la Universidad de Duke. Su producto puede alterarse y estirarse cuando recibe una señal. La señal llega como un cambio de **voltaje**. El material responde en un instante. Pasa de una textura a otra. También cambia de color.

Uno de los problemas del nuevo material es que los cambios son limitados. El material sintético es mucho más limitado que la piel de los cefalópodos. También necesita la señal directa de una persona. Pero este equipo de profesores y otros ingenieros siguen trabajando. Están seguros de que pueden ampliar lo que se puede hacer. El tipo de cambios físicos que ocurren en las películas de ciencia ficción ¡puede ser realidad algún día! Y quizás ese día no esté muy lejos.

MATEMÁTICAS

Fabricar polímeros

Los materiales que crea Zhao son polímeros, unas moléculas formadas por unidades químicas repetidas. Muchos plásticos son polímeros. Para fabricarlos, los científicos utilizan la química. Pero las matemáticas también son fundamentales en ese proceso. Se deben usar ciertas combinaciones de sustancias químicas para crear polímeros únicos. Un cambio en la cantidad modifica el resultado.

Zhao con uno de sus polímeros

Mucho por conocer

Los científicos siguen estudiando a los cefalópodos para ver qué pueden aprender. Su capacidad de cambio, dicen algunos, supera la de cualquier otra criatura. Y la lista de lo que pueden hacer los cefalópodos es interminable. Por ejemplo, las ventosas de sus extremidades les permiten agarrar objetos muy pequeños. El movimiento fluido de su cuerpo les permite moverse por superficies y a través del agua con poca perturbación. La capacidad de cambiar la forma de su cuerpo para atravesar y meterse en espacios diminutos parece imposible. Las diversas maneras de evitar a los depredadores les ofrecen una amplia gama de opciones para protegerse. El estiramiento de su piel va mucho más allá de lo que "debería", gracias a la estructura misma de la piel. Pueden comunicarse a través de la luz reflejada, los colores y las texturas. ¡Esas son solo algunas de las cosas que sabemos que hacen!

Los científicos desean aprender de ellos. A futuro, tal vez hallen formas de copiar y usar todas sus destrezas. Aún se sabe poco. Hay mucho por aprender.

Se han hallado cefalópodos en registros fósiles de hace unos 500 millones de años.

sepia

26

Lo que nos enseña la naturaleza

Los cefalópodos han evolucionado con un sólido conjunto de habilidades que les permiten sobrevivir bien en el mundo. Y, por supuesto, cada especie que prospera hoy tiene su propio conjunto de habilidades. Eso nos lleva a hacer una pregunta sencilla. ¿Qué habilidades tenemos que nos ayudan a prosperar y triunfar en el mundo? Otra pregunta sería: ¿usamos esas habilidades de la misma manera sostenible en que las usan los cefalópodos y otras criaturas?

Puede ser interesante pensar en esas preguntas. Tal vez no haya una respuesta correcta. Sin embargo, puede valer la pena estudiar las importantes lecciones que nos brinda la naturaleza cuando exploramos sus maravillas. Son las lecciones que han ayudado al resto de la naturaleza a sobrevivir y prosperar durante millones de años. Si usamos lo que la naturaleza nos enseña, ¿seremos capaces de hacer lo mismo? Quizás los cefalópodos puedan enseñarnos mucho más de lo que se ve a simple vista.

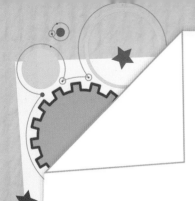

DESAFÍO DE CTIAM

Define el problema

Los fotógrafos que trabajan en la naturaleza necesitan esconderse para conseguir buenas fotos de los animales. Una empresa te ha pedido que diseñes prendas de vestir para ayudar a los fotógrafos a camuflarse en dos hábitats diferentes. Usa lo que sabes sobre el camuflaje para hacer una prenda que la empresa pueda vender.

Limitaciones: Tu diseño debe utilizar tanto el color como la textura para camuflar a una persona.

Criterios: La prenda debe servir para camuflarse en dos hábitats diferentes (bosque lluvioso, desierto, etc.).

Investiga y piensa ideas

¿Cuáles son algunas maneras en que los cefalópodos pueden camuflarse? ¿Qué tipo de ropa sería más útil para ocultar a una persona? ¿Cómo puedes hacer que la ropa cambie para camuflar a una persona en diferentes hábitats?

Diseña y construye

En libros o en internet, busca imágenes de dos hábitats para tu prenda. Bosqueja tu diseño. ¿Qué propósito cumple cada parte? ¿La prenda tendrá partes desmontables? Construye la prenda.

Prueba y mejora

Pídele a un amigo que se ponga la prenda. Explícale tu diseño y descríbele cómo serviría para camuflar a una persona en dos hábitats diferentes. ¿Funcionó? ¿Utilizó tanto el color como la textura? ¿Cómo puedes mejorarlo? Modifica tu diseño y vuelve a intentarlo.

Reflexiona y comparte

¿Le resultaría fácil a un fotógrafo usar la prenda y moverse con ella? ¿Funcionaría en diferentes condiciones meteorológicas? ¿Cómo modificarías tu diseño para que sea resistente a las condiciones del tiempo?

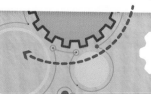

Glosario

camuflarse: esconderse adoptando el aspecto de su entorno

células: partes muy pequeñas que son los componentes básicos de todos los seres vivos

consciente: que tiene conocimiento de lo que hace

cripsis: el modo en que un animal evita ser detectado por otros organismos

cromatóforos: células que cambian de color bajo la piel de los cefalópodos y que les permiten transformarse

espectro: el grupo de colores en que se puede separar la luz, incluido el rojo, el anaranjado, el amarillo, el verde, el azul, el índigo y el violeta

ha analizado: ha estudiado de cerca y ha tomado una determinación

longitudes de onda: las distancias entre las ondas de luz, que representan diferentes colores

moluscos: un grupo grande de animales de cuerpo blando, sin columna vertebral

ocelos: manchas en el cuerpo de ciertos animales que parecen ojos, pero no lo son

percebes: pequeños crustáceos que se adhieren en grupos a rocas, muelles y barcos

pigmento: un compuesto de cierto color que puede cambiar el color de otras cosas

reflectantes: se refiere a cosas que hacen que la luz rebote

se contraigan: reduzcan su tamaño

sintética: artificial

sombreado: un patrón de colores oscuros y claros que se utiliza para engañar a los depredadores

sostenibles: se refiere a cosas que se pueden utilizar sin que se agoten o sin dañar un sistema

tentáculos: partes del cuerpo largas y flexibles que ciertos animales utilizan para agarrar cosas y moverse

voltaje: la fuerza de una corriente eléctrica

Índice

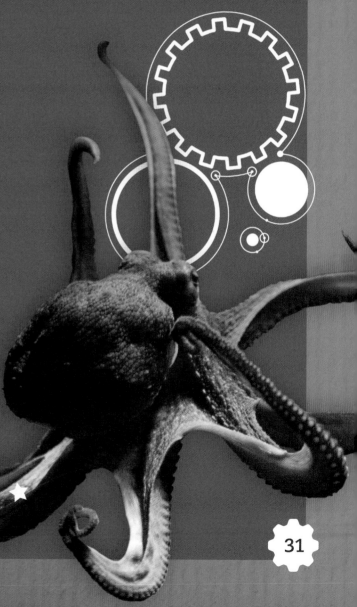

CONSEJOS PROFESIONALES
del Smithsonian

¿Quieres estudiar los cefalópodos?
Estos son algunos consejos para empezar.

"Tengo títulos universitarios en matemáticas y economía. En mi último año de universidad, tomé una clase que capturó mi imaginación sobre la historia de la vida en la Tierra. Ábrete a nuevas experiencias y aprende todo lo que puedas sobre los cefalópodos. Eso te dará una ventaja en tu carrera". —*Dr. Allen Collins, zoólogo de invertebrados*

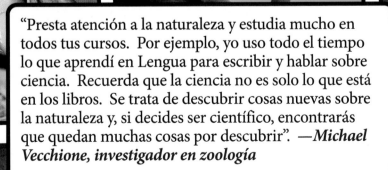

"Presta atención a la naturaleza y estudia mucho en todos tus cursos. Por ejemplo, yo uso todo el tiempo lo que aprendí en Lengua para escribir y hablar sobre ciencia. Recuerda que la ciencia no es solo lo que está en los libros. Se trata de descubrir cosas nuevas sobre la naturaleza y, si decides ser científico, encontrarás que quedan muchas cosas por descubrir". —*Michael Vecchione, investigador en zoología*